Todos los libros de Linkgua Ediciones cuentan con modelos de Inteligencia Artificial entrenados por hispanistas. Pregúntale al chat de tu libro lo que desees acerca de la obra o su autor/a.

Para ebooks: Accede a nuestro modelo de IA a través de este enlace.

Para libros impresos: Escanea el código QR de la portada con tu dispositivo móvil.

Obtén análisis detallados de nuestros libros, resúmenes, respuestas a tus preguntas y accede a nuestras ediciones críticas generativas para una experiencia de lectura más enriquecedora.
La transparencia y el respeto hacia la autoría de las fuentes utilizadas son distintivos básicos de nuestro proyecto. Por ello, las respuestas ofrecen, mediante un sistema de citas, las fuentes con las que han sido elaboradas.

Francisco de Rojas Zorrilla

El desafío
de Carlos V

Barcelona **2024**
Linkgua-ediciones.com

Créditos

Título original: El desafío de Carlos V.

© 2024, Red ediciones S.L.

 e-mail: info@linkgua.com

Diseño de cubierta: Michel Mallard.

ISBN tapa dura: 978-84-9953-594-4.
ISBN rústica: 978-84-9816-221-9.
ISBN ebook: 978-84-9897-053-1.

Sumario

Brevísima presentación

La vida

Francisco de Rojas Zorrilla (Toledo, 1607-Madrid, 1648). España.

Hijo de un militar toledano de origen judío, nació el 4 de octubre de 1607. Estudió en Salamanca y luego se trasladó a Madrid, donde vivió el resto de su vida. Fue uno de los poetas más encumbrados de la corte de Felipe IV. Y en 1645 obtuvo, por intervención del rey, el hábito de Santiago.

Empezó a escribir en 1632, junto a Pérez Montalbán y Calderón de la Barca, la tragedia El monstruo de la fortuna. Más tarde colaboró también con Vélez de Guevara, Mira de Amescua y otros autores.

Felipe IV protegió a Rojas y pronto las comedias de éste fueron a palacio; su sátira contra sus colegas fue tan dura al parecer que alguno de los ofendidos o algún matón a sueldo le dio varias cuchilladas que casi lo matan. En 1640, y para el estreno de un nuevo teatro construido con todo lujo, compuso por encargo la comedia Los bandos de Verona. El monarca, satisfecho con el dramaturgo, se empeñó en concederle el hábito de Santiago: las primeras informaciones no probaron ni su hidalguía ni su limpieza de sangre, antes bien, la empañaron; pero una segunda investigación que tuvo por escribano a Quevedo, mereció el placer y fue confirmado en el hábito (1643). En 1644, desolado el monarca por la muerte de su esposa Isabel de Borbón y poco más tarde por la de su hijo, ordenó clausurar los teatros, que no se abrirían ya en vida de Rojas Zorrilla, muerto en Madrid el 23 de enero de 1648.

La historia real

Tras la pérdida de Belgrado y Budapest (donde murió su cuñado el rey de Hungría), Carlos V junto con su hermano Fernando, defendió en 1532 la Viena Imperial del ataque de Solimán el Magnífico.

Personajes

Carlos V
El Rey de Hungría
Solimán, gran turco
El Duque de Alba
El Marqués del Basto
Juan Sepusio
Abraimo
Don Luis de la Cueva
Buscaruido
Don Luis
Luna
Doña Leonor
Mari Bernardo

Jornada primera

(Sale doña Leonor, con máscara, y tras ella, don Luis de la Cueva.)

Don Luis   Copia de la luz primera,
                        tú, que con seguridad
                        del cuerpo de la ciudad
                        me has sacado a esta ribera;
                        y con el cubierto velo
                        que disfraza tu blancura,
                        eclipsas tanta hermosura
                        y rebozas tanto cielo:
                        puesto que ya te he seguido
                        y de Viena me has sacado,
                        dime, pues soy tu llamado,
                        si vengo a ser tu escogido.
                        No es el que me trae tu ardor,
                        que aunque te sigo, deidad,
                        vengo de curiosidad,
                        y no he venido de amor:
                        y aunque viniera amoroso
                        a adorar tu rostro puro,
                        ni tan fácil te aseguro,
                        ni a mí me hallo tan dichoso.
                        Si es desafío, me di,
                        pues al campo hemos llegado.
                        Dime, ¿por qué me has buscado,
                        y a qué me has traído aquí?
                        Ya escuchar tu voz intento
                        y tu belleza adorar.

Doña Leonor   A un tiempo te quiero dar
                        la voz y el conocimiento.

(Descúbrese.)

Don Luis	Divina prenda, Leonora, ¿cómo a buscarme has venido?
Doña Leonor	Diré lo que ha sucedido, si me estás atento ahora.
Don Luis	¿No me llegas a abrazar?
Doña Leonor	Antes referirte intento, que cae mejor el contento cuando intervino el pesar.
Don Luis	¿Cómo de Liens has venido, tu patria, a buscarme aquí? ¿No estaba sitiada?
Doña Leonor	Sí; oye lo que ha sucedido, y no intentes divertirte, que ahora quiero contarte desde el principio de amarte hasta el fin de persuadirte. Era una hermosa mañana, cuando las sombras lúgubres huyendo del gran planeta al Poniente se conducen, y el alba que le aposenta borda de perlas las cumbres o ya luciente las ría, o fatigada las sude, cuando yo sobre un caballo que de hipogrifo presume,

pues sin ajarlas, las piso
de flores la muchedumbre,
salí a ensayarme en la guerra
con la caza, imagen útil
donde el corazón se anima,
y donde el valor se infunde.
Tras el cerdoso animal
que precipitado sube
el abrigo espeso, y grave
de los podos y acebuches
con el venablo corría,
cuando en este impulso luce
que como siempre con Venus
los ensayos de amor tuve,
al diferenciarlos pasos
me reduce a la costumbre.
No bien vibraba el venablo,
para que el brazo le pulse
a dar diluvios de sangre
que el campo sediento ocupe,
cuando un clarín por el aire
o me para o me confunde,
que las lisonjas de Marte
son de Venus pesadumbre.
Vuelvo a examinar la causa,
y advierto que se descubren
de caballos españoles
dos tropas que el campo pulen
para que galán se vista
de centauros andaluces.
Tú en todos, de más gallardo,
con haber tantos, presumes;
que no por la competencia
el mérito se desluce.

Mirásteme atentamente,
solté a tus ojos mis luces,
elevose mi pasión
(Todo el valor se reduce),
eclipses mi honor padece,
volcanes mi pecho incluye;
y aunque el confesarlo es
gran bajeza de mi lustre,
no ande hipócrita el cuidado
cuando dos almas se unen,
porque faltara al amor
quien a la materia acude.
Subiste con tus soldados
a Viena, donde puse
en tu presencia estos linces
racionales, que confunden
la vida y la muerte a un tiempo;
pues cuando por ellos triunfen,
basiliscos de sí propios,
a sí propios se destruyen.
Volviste, pues, de Viena,
y con afectos comunes,
pues siempre es vulgar entrada
la que el amor introduce,
me obligaste cariñoso,
mi honor a tu pecho expuse,
como mujer te creí,
encendiose aquella lumbre
que aun después de hecha cenizas
constante en el alma luce,
y escuché tu voluntad,
que siempre el mérito suple
las circunstancias del trato,
y con nuevas inquietudes

quedamos los dos a un tiempo,
tú puesto a las servidumbres,
yo al premio de tus cuidados;
fuiste a Viena, y yo fuime
a Liens, mi patria; y los dos
en ese monte, que escupe
por tantas bocas de piedra
cristales que el campo usurpe
nos hemos visto mil veces;
y porque el amor le ayude,
de los más finos afectos
fingimos ingratitudes.
Seis días ha que no te he visto,
seis días ha que el cielo cubre
de jenízaros y turcos
esos campos y esas cumbres;
y aunque te he venido a ver
a un riesgo grande me expuse,
y por la senda encubierta
que aquella montaña cubre,
sin que yo misma me hallase,
hice que a los turcos burle
este Pegaso de nieve,
emulación de las nubes.
Liens, mi patria, está cercada,
viento, que en las hojas cruje;
rosa, que es joya del prado;
ave, que el viento discurre;
árbol, garzota en la selva;
clavel, del alba presume;
Clicie, que al Sol enamora;
cristal que las peñas bruñe;
éste no queda en el campo
sin que enemigos le chupen;

árbol, sin que le destronquen;
ave, sin que la atribulen;
rosa, sin que la marchiten;
ni Clicie, sin que la turben;
clavel, sin que le deshojen;
ni viento, sin que le ocupen.
Quinientos mil combatientes
trae Solimán, y presume
asaltar, si Liens le falta,
esas murallas azules.
Flechas dispara que al viento
sus corvos arcos sacuden;
al caer en la ciudad
tan espesas se conducen,
que parece cuando llegan
que las arrojan las nubes;
tormentas padece Liens;
no hay pecho que no se turbe,
ánimo que no se encoja,
necedad que no caduque
consejo que no se yerre,
discordia que no se junte,
suspiro que no sea pena,
pena que no se articule.
El infante entre los brazos,
bien que la madre le arrulle,
sin saber por lo qué llora,
llora más que por costumbre.
El soldado duda el bien,
desmayos el llanto induce,
el valor apenas se halla,
la queja a los cielos sube;
y, en fin, ánimo, consejo,
mocedad, discordia inútil,

suspiro, pena, cuidado.
Llanto, que el dolor resume,
ni unos al trabajo anhelan
ni otros al alivio sufren.
¿Pues cómo, dime, don Luis,
es bien que a este tiempo uses
de la esquivez y del miedo?
¿Cómo, soldado, no acudes
a libertar a tu dama?
¿Y cómo, amante, se sufre
que yo esté cerca, en Liens,
y tú, en Viena te ocupes
en repetir el cuidado,
sin que tus afectos hurten
para el amor una parte
de la que el ocio introduce?
Que yo te venga a buscar
permíteme que te culpe,
que a quien habla con razón
cualquier despego se sufre,
no es justo, no, que tu amada
te solicite y te busque,
y que tú, siendo mi amante,
o me olvides o me burles.
Ea, don Luis, vuelve en ti,
tu brazo la pica empuñe,
el coselete en tu pecho
al otomano deslumbre:
digiere aquel hierro ardiente
que el tiro de bronce escupe,
y sean para sus balas
tus entrañas avestruces.
En Liens, está el enemigo,
violetas, y almoradujes

que hermoseó el Abril,
vuelven sus plantas a Octubre.
Ya no vuelvo por mi parte,
la tuya es quien más me induce,
pues can es el otomano,
herido del hierro aúlle;
sea tu brazo el instrumento
que la pica al pecho pulse;
mueran estos enemigos,
mares de sangre fluctúen,
que de sus cobardes venas
tantos corales inunden;
para sepultar sus cuerpos,
sean las ramas ataúdes,
el sepulcro sean las grutas
y el mausoleo esas cumbres.
Y el cielo quiera también
que mi amor del tuyo triunfe,
que pagues desta constancia,
que esas asperezas mudes,
porque te adore soldado,
porque valiente te ayude,
para que te sirva amante
y mi dueño te pronuncie.

Don Luis
Bellísima Leonor mía,
en quien mi amor se recrea,
bello objeto de mi idea,
recreo hermoso del día,
confieso que apetecía
tu amor, escollo y diamante;
pero hoy más fino y constante
me haces que exceder intente
más tu enojo en lo valiente

que tu fineza en lo amante.
Tu esfuerzo a un tiempo y tu amor
tu celo y tu fe asegura,
mezclado con la hermosura
¡qué bien parece el valor!
Este cobarde temor
es un honroso cuidado
que el pecho tuvo parado,
pues en acción semejante
no habrá de ser buen amante
quien no supo ser soldado.
Fernando, que es, rey de Hungría,
o con recelo o con pena
a socorrer a Viena
de Ratisbona, me envía;
mira bien si no sería,
aunque tu favor me llama,
acción que eclipse mi fama
contra la debida ley
ser cobarde con mi rey
y valiente con mi dama.
Si a Liens voy a socorrerte,
y dejo a Viena, en rigor,
por dar la vida a mi amor
le doy a mi honor la muerte;
y aunque llegue a merecerte
podrá tanto la pasión,
que dirás entre la unión
que el fuego a dos pechos llama,
¿cómo acudirá a su dama,
quien falta a su obligación?
¿Cómo tus ojos no ven
(pues en el riesgo reparas)
que tú misma condenaras

lo que a ti te estaba bien?
Pues estén a un tiempo, estén,
entre recelo y dolor,
para unir con más primor
dos penas con una gloria,
este amor en tu memoria,
y esta sangre en mi valor.

Doña Leonor   Repara don Luis, repara,
aunque al daño me apercibo,
que te agradezco lo esquivo
y lo amante te culpara;
necia fuera si ignorara
que tu fama es honra mía,
y con bizarra osadía
quisiera, o con mas ardor,
lo que me sobra de amor
dártelo de valentía.
Pero eres tan arrogante
que entre mí propia he pensado
que te sobra más de osado
que a mí me sobra de amante,
aunque es mi amor tan gigante.

Don Luis   Deja afectos tan ajenos,
que aunque te parecen buenos
el crédito perderás,
pues yo le tengo por más,
y puede ser que sea menos.

Doña Leonor   Pues a Liens quiero volverme.

Don Luis   A Viena he de volver,
aunque es preciso temer

	que he de perderte y perderme.
Doña Leonor	Si el recelarme es quererme, yo no quiero esa firmeza.
Don Luis	¿No la llamarás fineza?
Doña Leonor	¿Qué temes, pues?
Don Luis	Un rigor.
Doña Leonor	¿De qué nace?
Don Luis	De un temor.
Doña Leonor	¡Qué ignorancia!
Don Luis	¡Qué terneza!
Doña Leonor	Vence ese engaño mortal no mueras de prevenido, suelta la rienda al olvido, deja el sentir para el mal; sabe moderarte igual, reprime el discurso sabio, la voz prende con el labio, pues si das en tu elección la queja a la presunción, ¿qué dejas para el agravio?
Don Luis	Aunque me arguyas de error en este mal que me apura, lo que faltó a mi cordura, he sobrado a aqueste amor;

unos celos o un rigor
el alma llorando está,
y más constancia será,
más valor, más interés,
por no llorarle después
tenerle sentido ya.
Condene su infeliz suerte
quien con alma divertida
no se muere más en vida
que se vive hasta la muerte;
porque la muerte divierte
tanto el mismo pensamiento
dentro del entendimiento,
que ya de puro sentir
el empezar a morir
es acabar el tormento.
Y así doy a mi cuidado
la pena antes del suceso,
pues mitigaré con eso
un daño que he recelado
vivo, pues considerado,
porque cuando quiera obrar
ese mal que ha de llegar,
o este amoroso recelo,
pasa plaza de consuelo
lo que ahora de pesar.

Doña Leonor   Quédate, invencible Marte.

Don Luis   Húngara Palas, adiós.

Doña Leonor   Seamos eternos los dos.

Don Luis   Yo en servirte.

Doña Leonor	Yo en amarte;
(Suena un clarín.)	mas ¿qué clarín a esta parte
	turba las aves y vientos
	y altera los elementos?

Don Luis	Soldados de Solimán
	el campo corriendo están
	u de airados u de hambrientos.

(Salen Buscaruido y Mari Bernardo, vestido de hombre y mujer.)

| Buscaruido | Yo he de hablar, aunque no quiera, |

| Mari Bernardo | No, sino yo. |

| Buscaruido | Yo he de ser. |

| Don Luis | Tened, refrenad las lenguas; |
| | habla, Buscaruido, tú. |

| Mari Bernardo | ¡Qué esto mi rabia consienta! |

| Doña Leonor | Luego hable Mari Bernardo. |

Buscaruido	Hablo con vuestra licencia:
	preguntábades, señora
	(si no es que el oído mienta),
	¿quién somos? Y ya lo digo,
	estadme un poquito atenta.
	Yo, señora, soy soldado,
	pluguiera a Dios no lo fuera,
	español, por mi fortuna,
	y gallego, con licencia.

Por mandado de mi suerte
vine a servir a Viena
para dar honor a todos
los lacayos de mi tierra.
Pero hallé aquesta mujer
o este macho de la legua,
hermafrodita, compuesto
de las dos naturalezas,
para mi persecución,
pues tengo, señora, en ella,
como un ángel que me guarda,
un demonio que me tienta.
Ésta, pues, hermafrodita,
de tal manera me inquieta,
que todo cuanto hago, quiere
hacer lo mismo por fuerza.
Si con alguno peleo,
ella riñe mi pendencia;
si callo, no habla palabra,
y si empiezo a hablar, empieza.
Si cuento algún cuento a alguno,
ella cuatrocientos cuenta;
y hace cuanto me ve hacer,
o que quiera o que no quiera.
El otro día me fui
(por ver si acaso me deja)
a nadar en el invierno;
y por porfía o por tema
antes que yo me arrojase
ya estaba nadando ella.
Si río, se está riendo,
sin saber de qué, hora y media;
si lloro, es un Jeremías,
y si canto, una sirena.

Cayose un día un caldero
en un pozo de Viena,
y porque bajé a sacarle
atado a una soga recia,
se arrojó al pozo tras mí,
y esto con tanta violencia,
que a no estar fuerte la soga
y estar de arriba muy cerca,
como otros la hacen cerrada
la hubiéramos hecho abierta.
Si me quiero recoger
a mi tienda, no me deja,
que la temo por lo macho
con tener tanto de hembra.
En fin, aqueste demonio,
hecho de dos diferencias,
es la mona y yo la maza,
y es mona de dos maneras,
porque imita cuanto hago
y porque tras sí me lleva.
Yo me llamo Buscaruido,
y ella los ruidos conserva
que en el imitar, no quiere
dejar mi nombre siquiera.
Es la Clicie que me sigue,
la sombra que no me deja,
es el pintor que me copia,
que me traslada el poeta,
traducidor que me escribe,
autor que me representa,
y es Mari Bernardo, en fin,
nombre de varón y hembra,
muy mujer en porfiar
y muy hombre en la experiencia.

En cuanto a lo que he venido...

Mari Bernardo   Vive Dios, no lo consienta;
                 basta, que ha una hora que habla.

Buscaruido   Señal aquestas trompetas,
                 los militares estruendos
                 que en estos cóncavos suenan,
                 es que llega Carlos V.

Mari Bernardo   Dice bien, que Carlos llega
                 con muchos soldados nobles,
                 pues vienen a su defensa
                 el duque de Alba, Toledo...

Buscaruido   Viene también el de Béjar.

Mari Bernardo   Es verdad, con el del Basto,
                 y el grande Antonio de Leyva,
                 a quien llaman el Señor
                 tanta española nobleza.

Buscaruido   El conde de Monterey,

Mari Bernardo   el de Fuentes, y el de Niebla;

Buscaruido   ¡Que nunca me contradiga
                 y que siempre aquello aprueba
                 que yo digo sin saber
                 que mentira o verdad sea!
                 El marqués de Cogolludo,

Mari Bernardo   con don Diego de la Cueva,
                 del gran duque de Alburquerque,

24

altiva rama, aunque tierna.

Don Luis

Pues va don Fernando, rey
de Hungría, abriendo las puertas
de esa ciudad que a los cielos
eternidades apresta,
a recibir a su hermano
Carlos V el paso alienta.
Ya hace salva la ciudad,
las arrugadas banderas
desplegadas a los aires
impiden la luz febea.

Doña Leonor

Pues adiós, que a Liens me vuelvo.

Don Luis

Mira que temo...

Doña Leonor

No temas;
vuélvate el cielo a mis ojos.

(Vase.)

Don Luis

Mi amor a tu amor me vuelva.

Buscaruido

¡Oh, qué de clarines se oyen!

Mari Bernardo

Es verdad, clarines suenan.

Buscaruido

No suenan.

Mari Bernardo

Dice muy bien.

Buscaruido

¡Oh si una bala viniera!

Mari Bernardo	¡Oh si viniera una bala!
Buscaruido	Porque la muerte me diera.
Mari Bernardo	Porque me matara a mí.
Buscaruido	¡Que en esto también aprueba! Monacillo del infierno, como yo sin ti me vea véngame una bala a mí, y un tiro de bronce venga.

(Vanse.)

(Salen el Emperador, el Rey, el Duque y el Marqués.)

Carlos	Gracias a Dios, duque de Alba, que ya he llegado a Viena.
Rey	Déme vuestra majestad los brazos.
Carlos	Enhorabuena hermano Fernando, amigo, venido a mis brazos seas: ¿cómo vuestra alteza se halla en Viena?
Rey	Señor, las guerras me traen con poco sosiego: Solimán tala mis tierras, a Griti tiene ganada, y de Liens la fortaleza cercada ya, y destruida,

su ruina cercana espera.

Carlos

Antes que yo le responda
deseo que vuestra alteza
abrace al gran duque de Alba.

Rey

Alba, que la luz ostenta
del Sol que alumbra dos mundos
y es de Alemania planeta,
vengáis a Hungría en buen hora,
y vuestros alientos vengan
con la espada y el consejo
a hacer nuevas experiencias.

Duque

Rey Fernando, rey de Hungría,
hoy que mis años pudieran,
recogerse a los consejos,
se arrojan a la violencia.
A ésta que a mi lado yace,
o bien sepultada o muerta,
como es leona, la ira
la resucita o la altera.
No hay para mi espada halago
como el son de la trompeta,
que en el hielo de mis años
tocan a fuego mis venas.
Vos sois hermano de Carlos:
Carlos, que la fe conserva,
y sobre los hombros suyos
tiene la romana Iglesia.
Yo también soy su columna,
y aunque son pocas mis fuerzas,
no se arruina el edificio
por ser anciana la piedra,

que los puntales antiguos
son los que mejor sustentan.
Yo os prometo, rey Fernando,
hacer en vuestra defensa
tantos estragos y muertes
en las escuadras turquesas,
que nade en coral el campo,
y las blancas azucenas,
con la púrpura bañada,
rosas deshojadas sean;
no ha de quedarme enemigo.
Yo me enojé, vuestra alteza
me perdone, que en llegando
a tratar de esta materia
aunque intente reprimirme
no está en mi genio la lengua.

Rey   Vos sois un grande soldado.

Carlos   Marqués del Basto, ya es fuerza
                 que habléis a mi hermano el Rey.

Marqués   Déme a besar vuestra alteza
                 su mano.

Rey   Mis brazos son
                 de mi amor la mejor prenda.
                 Vuestra majestad, señor,
                 hable a don Luis de la Cueva,
                 segundo hijo de Alburquerque.
                 Un mes ha que está en Viena:
                 es gran soldado y valiente.

Don Luis   Siendo tu vasallo, es fuerza

	que con el nombre de tuyo mayores alientos tenga.
Carlos	Quiero mucho a vuestro padre por el blasón y la deuda con que acude a mi servicio.
Don Luis	Ruego a los cielos, que veas de la gran ciudad de Dios restauradas las fronteras.
Carlos	Hola, llegadme dos sillas: esta gota no me deja.
Don Luis	Siéntese tu majestad.
Carlos	¿Y mi hermano no se sienta?
Rey	Por obedeceros lo hago, aunque vuestro hermano sea, que en la presencia del Sol nunca lucen las estrellas.

(Siéntase.)

Carlos	Rey Fernando, hermano mío: duque de Alba, a quien confiesa mucho aplauso mi corona, mi cetro mucha grandeza; marqués del Basto, mi amigo, nombre que os debe mi lengua, pues en mi servicio disteis muestras de tanta fineza, hacedme todos un gusto.

Rey	Dinos, señor, lo que ordenas.
Carlos	Que me estéis los cuatro atentos.
Duque	La atención es la obediencia.
Carlos	Por muerte del rey Luis,

Carlos

Por muerte del rey Luis,
de Hungría, mayor cabeza,
que dejó el reino por ser
vasallo en mejor esfera,
hubo sobre la corona
sin razón, gran competencia
entre Fernando, mi hermano,
y Juan Sepusio, que intenta
alegar que el reino es suyo;
pero informaros desea
en las hojas el acero
con tinta de sangre nuestra.
Era el reino de mi hermano
por derecho; esta materia
quiero olvidar, porque ya
no es tiempo de hablar en ella,
porque si no le tocara,
ni yo se lo permitiera,
ni a él aspirara mi hermano,
ni hubiera habido estas guerras
ni este riesgo en que nos vemos;
que está el mundo de manera
que al más poderoso rey,
aunque más soldados tenga,
basta el conservar sus reinos
sin que otros reinos pretenda.
Hubo grandes en Hungría,

pero la fortuna adversa
le retiró a Juan Sepusio,
y coronado en Viena
quedó Fernando, mi hermano;
la Divina Providencia
miró en esto lo mejor,
como piadosa y perfecta.
Juan Sepusio, retirado,
ampararse errado intenta
del gran turco Solimán,
y sin razón ni prudencia,
a costa de tantas vidas
comprar tan poca defensa.
Admitiola Solimán,
es bárbaro, y no es fineza,
sino codicia engañosa;
como si cierto no fuera
que al error y a la codicia
los guía una propia rienda.
Con quinientos mil soldados
viene a sitiar a Viena
y a Liens tiene ya cercada;
si sus banderas despliega
dicen que se cubre el cielo
y está a la sombra la tierra;
y en parte, en parte, presumo
que es merced de Dios aquesta,
que como ahora es verano
y la sed es tan inmensa
y el calor tan excesivo,
hacen sombra las banderas,
con que viene a ser alivio
lo que piensa que es ofensa.
Yo, que en Ratisbona supe

desta no pensada guerra,
he escrito a España y a Roma,
a Flandes y a Ingalaterra,
para que todos me ayuden;
dicen que Francia desea;
pero no apuremos esto,
porque será baja empresa
a un rey cristiano faltar
a su heredada nobleza;
y no puedo yo creer
de un rey de tan altas prendas
que se pierda a sí un blasón
por hacerme a mí una ofensa.
En fin, yo he venido ya,
poco importa que defienda
Solimán a Juan Sepusio,
y que ponerle pretenda
la corona de mi hermano,
porque hoy, soldados, es fuerza
que Dios, como causa suya,
piadoso vuelva por ella.
Pelearemos Dios y yo,
que como él conmigo venga,
no habrá mejores soldados
en los cielos ni en la tierra.
El marqués del Basto trajo
doce mil rayos que engendra
el solar de los valientes,
la España, que de las letras
y de las armas a un tiempo
admite dos competencias;
y con ser tantos soldados,
como el valor los inquieta,
vencen más de valerosos

que de tener experiencia.
Tengo treinta mil infantes;
hoy he de hacer la reseña,
porque treinta mil caballos
de la nobleza tudesca
el Palatino del Rin
los solicita y conserva,
la flor de la Cristiandad
a mis órdenes espera.
Amigos, este es el día
que más importa a la Iglesia;
si hoy vencemos al contrario
la fe cristiana se aumenta;
si somos vencidos, hoy
tuvo fin nuestra ley cierta,
pues de poder a poder
la batalla se presenta.
El turco tendrá la Hungría,
el holandés a Bruselas,
el rebelde la Alemania,
y de Lutero la secta,
como el Hércules, la falsa
Hidra, hollará otras cabezas.
Ea, amigos, la concordia
arda en vuestras nobles venas,
el valor en vuestros pechos,
la espada en vuestra defensa.
Muchos son los enemigos,
y aunque en número os excedan,
ejército es la razón,
y si se desboca, es fiera
que instigada del apremio
corre con el Sol parejas.
El celo de nuestra fe

en vosotros reverdezca:
no hagáis nada de enojados,
hacedlo de conveniencia;
no haya civiles discordias
en vosotros, porque tenga
el otomano temores,
el luterano advertencias,
el valor, noble acogida,
la piedad, senda perfecta,
el perdón, cierto seguro,
premio, el celo de la Iglesia.
Que yo os prometo, soldados,
oponerme a la dureza
del plomo grosero, bruto,
que vida y honra atropella.
Yo, como el menor soldado
de cuantos la pican juegan,
expuesto al riesgo mayor
haré del pecho trinchera.
Si sus plantas racionales
a esotras plantas apuestan,
segad con vuestras espadas
frutos de mejor cosecha.
Con todos hablo, soldados,
todo mi ejército atienda;

(Tocan.)   mas de repente la caja
y el clarín el viento altera:
¿qué es esto, soldados míos?

(Levántanse.)

(Sale Buscaruido.)

Buscaruido   Por esa campaña amena,

que hoy se adornó de tapetes
y ya de alfombras turquesas,
Solimán, el gran señor,
desde Liens llega a Viena,
y con bandera de paz
él y Juan Sepusio llegan
a pedir al rey Fernando
parlamento; ésta es la nueva:
pide bajen tres personas,
las que elija vuestra alteza;
y es que aún no sabe el gran turco
que el César llegó a Viena.
El parlamento ha de ser
entre los dos campos.

Carlos   Ea,
Fernando, yo he de bajar;
don Luis de la Cueva venga,
y el duque de Alba se quede
a la vista.

Duque   Vuestra alteza
puede bajar solamente
y don Luis.

Carlos   Nadie pretenda
interrumpir licencioso
lo que mi valor ordena,
que me enojaré, por Dios,
aunque más amigo sea.
Ea, Fernando, bajemos,
que en medio de las trincheras
de los dos campos, presumo
que el gran Solimán espera;

	hermano, lo que resuelvo
	es que Solimán se vuelva.

Rey   ¿Y si acaso...

Carlos   Son cobardes.

Rey   ¿Y no habrá otra conveniencia?

Carlos   Si habrá.

Rey   ¿Qué?

Carlos   Dar la batalla.

(Vase.)

Rey   Tu mandato es mi obediencia.

Duque   ¡Qué prudencia!

Buscaruido   ¡Qué valor!

Duque   Mudo su valor me deja.

Buscaruido   Ea, perros, Buscaruido
buscar vuestro ruido intenta,
que hoy mi tizona ha de ser
colada en la sangre vuestra.

(Vase)

(Salen Juan, Luna y Solimán.)

Solimán

Hagan alto mis fuertes batallones
para arbolar al cielo sus pendones
del monte en esa espalda
a quien corona el Mayo de guirnalda;
al impulso fatal del plomo ardiente
el cóncavo metal cruja o reviente.
Ésta es Viena, amigos,
todos seréis de mi valor testigos
si con esfuerzo o con ardor gigante
escalo esas murallas de diamante,
tan altas, que cualquiera dellas sube
a embarazar lo denso de la nube.
Aquí hemos de esperar el parlamento
solo que entreguen a Viena intento.
Quinientos mil soldados
ocupan esta selva y estos prados,
de la sed afligidos,
siempre cansados, pero no rendidos.
Baja al mar un arroyo lisonjero,
y aunque corre ligero,
hidrópico, y sediento aquel soldado,
le sorbe su cristal comunicado
con fuego tan ardiente
que le quiere parar aquel corriente,
y si algo se le huye por ligero
se lo ayuda a beber su compañero;
y aquel soldado, que rendido yace,
sube a buscar la parte donde nace,
y halla que es una roca que ha enfermado
que por ser primavera se ha sangrado:
pone el labio a su sangre cristalina,
y al nativo licor tanto se inclina,
tan avaro a beberle se provoca,
que sobre los fragmentos de la roca,

y el otro abajo, está tan divertido,
que sin echar de ver lo que ha bebido,
como le falta el curso de la nieve,
la ruda arena por cristales bebe;
sí, a este enojo su sed les abalanza,
¿qué harán si les incita la venganza?
Cuando el ruidoso parche
manda que al campo marche,
sale tanto soldado
que parece que Marte ha granizado;
y si el bélico son de la trompeta
sus ánimos inquieta,
de ardor o de coraje
consiente que su acero el árbol raje;
siega la flor, y pisa la verbena,
destroncada a sus manos la azucena,
degollada la rosa,
de su fuego es fragante mariposa;
muera la yerba, cuando apenas nace,
bruta es su ira, pues las flores pace;
si a este enojo el valor los abalanza,
¿qué harán si les incita la venganza?
Juan Sepusio, mi amigo, hoy es el día
que has de cobrar el cetro de la Hungría
que el rey Fernando te ha tiranizado.
Veamos si con tu espada, y con mi lado
hay competencia humana, que lo estorbe
aunque ampararle intente todo el orbe.

Juan
En tu valor fiado,
a esta venganza aspiro;
mi ejército, vencido y derrotado,
no permitió la queja ni el suspiro
en ruina tan sangrienta,

porque nunca el que huye se lamenta.
En ti mi honor estriba,
así tu nombre viva,
por más blasón, más gloria,
vinculado en la fama y la memoria,
que a mis sienes restaures este imperio;
sácale del tirano cautiverio;
de Fernando tirano;
reino es mío, monarca soberano;
y aunque mío (con esto me concluyo)
reino que tú me das, es reino tuyo.

Luna   Señor, si a Luna aclamas gran matrona,
mujer que de virtudes se corona;
si merecen mi amor y mi fineza
ser águila del Sol de tu grandeza,
pido que a Juan Sepusio (oh gran monarca
de cuanto ciñe el mar, la tierra abarca)
restituyas el reino que ha perdido,
que es blasón a su ruego merecido;
y porque aqueste ruego satisfagas
hazlo por mí, ya que por él no lo hagas.

Solimán   Por ti, Luna, por ti, señora mía
hermosa luz donde se esconde el día,
con más rigor y con mayor desvelo
el muro escalaré del cuarto cielo,
y su luciente máquina sujeta,
de rey he de pasar a ser planeta;
el campo se ha de ver en sangre tinto.
¡Oh, si viniera a Hungría Carlos V!

(Salen Abraimo, y Leonor, cautiva.)

Abraimo	Dale a besar, gran señor,
	a Abraimo tu pie invicto.
Solimán	Gran columna de mi imperio,
	mis dos brazos te apercibo;
	¿qué mujer es la que traes?
Abraimo	Sin discursos más prolijos
	te diré en breves palabras
	muchos ardimientos míos.
	Salí de Liens a Viena
	con dos mil turcos, que han sido
	la señal de la victoria,
	pues dieron sangre a este río.
	En un cuartel de españoles
	representé el valor mío;
	fue teatro la campaña,
	los oyentes esos riscos.
	Del descuido me aprovecho,
	y sin cólera y con brío,
	lo uno para el valor,
	lo otro para el castigo.
	Maté doscientos soldados,
	y al instante me retiro
	por no malograr la suerte
	en esos campos vecinos.
	Cien soldados recogí
	que ahí a tus plantas dedico;
	esta hermosura que ves
	iba pisando el rocío
	de esa margen de azucena
	que ya se llora de lirio;
	y aunque su espada y sus rayos
	pudieran a un tiempo mismo

o embarazarme el valor
o elevarme los sentidos,
belleza, soldados, gloria,
valor y honra sacrifico
humilde a tus reales planta,
y por lauro el honor mío.

Solimán   El premio serán mis brazos,
oh valeroso Abraimo.

Luna   Si del gran señor, mi dueño,
son lazos bien merecidos,
a mí me toca de hoy más
dar el premio a tus servicios.

Solimán   Dime, general, ¿hay nuevas
si ha venido Carlos V?

Abraimo   Presumo que no ha llegado.

Solimán   ¿Quién eres tú, que el rocío
de tus ojos das al campo,
adonde el Abril florido
bordó de clavel tus labios
y tu boca de jacintos?

Doña Leonor   Una infelice mujer.

Abraimo   Aquesta esclava te pido,
si merezco algún favor.

Solimán   Tuya es la esclava, Abraimo.
(Tocan cajas.)   ¿Qué es esto?

Luna	Si no me engaño en ese campo diviso tres hombres.
Solimán	Serán los tres que vienen a hablar conmigo; bien pueden llegar; y tú te retira al campo mío.
Luna	Haré, señor, lo que mandas.

(Vase.)

Juan	¡Oh, quiera el cielo benigno que llegue ya mi venganza!
Solimán	Aquí te queda, Abraimo.
Abraimo	En medio de los dos campos están ya los enemigos.

(Salen Carlos V, el Rey y don Luis, y el Emperador se queda al paño.)

Carlos	Llegad vos, Fernando, a hablarle, que aquí no hay ningún peligro; yo he de oír a Solimán desde esta parte escondido.
Solimán	Alá te guarde, Fernando, hermano de Carlos V.
Rey	Guárdete Dios, Solimán.
Don Luis (Aparte.)	(Cielos, a Leonor he visto

presa en el campo contrario;
a mi fortuna maldigo.)

Solimán

Don Fernando, yo presumo
se te olvida mi apellido;
yo me nombro el gran Señor,
y Emperador no vencido,
el dueño de dos esferas,
y de dos mundos prodigio.

Rey

Y yo soy Rey de romanos,
y es mi hermano, y no lo he dicho,
Emperador de Alemania
y azote del enemigo.

Solimán

Yo soy solo emperador
por derecho sucesivo;
no hay quien merezca ese nombre
sino yo, que le he tenido
por herencia y patrimonio
del gallardo Constantino
Emperador; ¡vive Alá,
que esto sufra!

Carlos (Aparte.)

(¡Esto he sufrido!)

Solimán

¿Cómo no viene a Viena
ese Carlos vengativo?
¿Y cómo, Fernando, os deja
hoy en tan grandes peligros?
Bien hace de no venir.

Carlos (Aparte.)

(Ya no he de poder sufrirlo.)

Solimán	Que yo lo dijera a Carlos...
(Sale Carlos.)	
Carlos	¿Qué decís de Carlos V?
Solimán	Señor, vuestra majestad...
Carlos	Sí, Solimán, yo he venido a defender a mi hermano y a ensalzar la fe de Cristo; esto es lo que debo hacer.
Solimán (Aparte.)	(Helado mármol me animo: nombrado me daba asombros, y ahora desmayos visto.)
Carlos	Solimán, emperador generoso y siempre invicto, valiente, siendo galán; sin ser soberbio, atrevido; sin codicia, poderoso; y sin avaricia, rico; señor del África y Asia, horror del persa y del indio (que yo hablo como quien soy, aunque hablo con mi enemigo); ¿queréis dejar en su reino a Fernando, hermano mío, pues os dejo yo en los vuestros?
Solimán	Ya no puedo, ya he cedido.
Carlos	Pues adiós, gran Solimán.

(Vase.)

Solimán	Pues adiós, gran Carlos V.
Rey	Juan Sepusio, gran Baiboda.
	pues por nosotros ha sido
	esta guerra, remitamos
	el duelo a nosotros mismos;
	quede este reino en poder
	del que al otro haya vencido;
	no por nosotros se pierda,
	que es crueldad, sobre delito,
	que padezcan dos monarcas
	lo que nosotros hicimos.
	Peleemos en campaña;
	los dos reyes sean padrinos,
	y quede con el imperio
	aquel que quedare vivo.
Juan	Yo he traído a Solimán,
	y él por mi causa ha venido.
	Ya esta causa no es mi causa,
	esto no está ya en mi albedrío.
Rey	¿Luego no queréis salir?
Juan	Fernando, ya he respondido.
Rey	Por ley de herencia y valor
	viene a ser el reino mío.
Juan	Cobrarale Solimán.

Rey	Son los cielos más benignos.
Juan	Esto es valor.
Rey	Es venganza.
Juan	A cobrar mi cetro aspiro.
Rey	Por ti está la Cristiandad hoy en tan grande peligro.
Juan	Yo defiendo mi derecho.
Rey	Yo he de defender el mío.
Juan	Darame el cielo victoria.
Rey	Darate el cielo castigo.

Fin de la primera jornada

Jornada segunda

(Descúbrese Carlos en su tienda.)

Carlos

Aquí en mi tienda, aquí en esta ribera
a donde todo el año es primavera,
y adonde aquella fuente bulliciosa
busca el mar cristalina mariposa;
ahora, que la antorcha más luciente
se ha apagado en las aguas de Occidente,
y el lucero de Venus, diosa bella,
el cielo va encendiendo estrella a estrella;
ahora, que la tierra se ha enlutado,
que el Sol, planeta ardiente, se ha mareado
en los golfos mayores,
y hasta que vuelve en sí todo es horrores;
ahora, que la rosa
está acostada en su capilla hermosa,
y sumiller la Aurora, por divina
le corre a la mañana la cortina;
ahora, pues, que todos mis soldados
al sueño se han rendido de cansados,
con devoción y con piadoso celo
quiero dar este rato al claro cielo.
Carlos habla con vos, Cordero afable;
dadle auxilios a Carlos, porque os hable;
hoy prevengo a mi brazo aquesta gloria,
y la honra vuestra está en esta victoria;
y aunque la fe no puede, no, vencerse,
puede al menos, Señor, oscurecerse.
¡Ay, triste de mí! ¡Ay, triste,
que en mi gobierno vuestro honor consiste!
Mi ejército, Señor, está sin paga,
porque se satisfaga

socorrerle primero,
pues vos sois mi seguro tesorero.
Si en el cielo divino a vuestro lado
se amotinó vuestro mayor soldado
siendo espíritu puro,
¿qué hará, pues, el soldado mal seguro
en aquesta aspereza,
expuesto a la desdicha y la flaqueza?
El dinero de España no ha venido,
el cerco por instantes ha crecido,
y mi ejército crece;
y aunque Carlos, Señor, no lo merece,
merézcalo el que llega satisfecho
a poner a la muerte el frágil pecho
por la fe solamente,
mucho más de cristiano que valiente;
socorro a mis soldados, Cristo mío,
vos le daréis, Señor, de vos lo fío;
muera el soldado de la herida fiera
y de mal socorrido no se muera.
Ya hay socorro, soldados, Dios le ha dado,
ya ha llegado el socorro.

(Salen el Duque, Buscaruido y Mari Bernardo.)

Duque   Ya ha llegado.

Carlos   Duque de Alba, ¿qué decís?

Duque   Generoso, invicto Carlos,
                monarca de dos imperios
                y de dos esferas rayo,
                vuestro ejército valiente
                sobre la falda albergado

de esa ciudad, cuyos muros
de incontrastable peñasco
tanto suben, que embarazan
la región del aire vago;
viéndose sin paga ayer,
por instantes esperando
la ruina de la hambre
y de la sed el estrago,
a voces piden socorro;
pero no se amotinaron,
que os deben mucha obediencia
los que son vuestros soldados.
El socorro, o la batalla
pedían, que puesto caso
que el bastimento les falte,
de hambrientos o encarnizados
quieren hacer alimento
de corazones contrarios.
Dar la batalla, señor,
era arruinar los Estados,
que vos no buscáis al turco,
antes bien sois el buscado.
En fin, aquel sustituto
de Dios, que al cetro romano
rige, preside y gobierna
con auxilios soberanos,
envió a Hipólito de Médicis,
su sobrino, cuyos años
parecen los del consejo
sin llegar a veinte y cuatro;
trae el dinero del Papa,
y trae ocho mil caballos
que a su costa ha de ocupar;
y por estandarte un sacro

dibujo de Cristo muerto,
por cuyo abierto costado
viene a dar en sangre suya
socorros más necesarios.
Gallardo es el cardenal,
estas cartas me ha entregado
del Pontífice, su tío;
el sobrescrito es a Carlos,
la piedad es como suya,
el celo, como esperamos:
de muy valiente el ardor
y el brío de gran soldado.

Carlos   Dadme esas cartas al punto:
¡Con qué contento las abro!

(Lee.)   «A Carlos V, por la gracia de Dios, Emperador de
Alemania, mi obediente hijo, salud.»

El título de mis reinos
juzgo que se le ha olvidado;
mas si me llamó obediente
y su hijo me ha nombrado,
ser obediente es más cetro,
ser su hijo blasón más alto.

(Lee.)   «Para ayudar a V. M. en tan justa guerra, envío a mi
sobrino Hipólito de Médicis, con ocho mil caballos que
a su costa servirán. De limosna he juntado entre mis
eclesiásticos un millón que lleva; espero en Dios que
triunfará V. M. de sus enemigos, y a mí me perdonará
no poderle ayudar con más gente. Dios guarde a V. M.
para cimiento de nuestra fe católica. Clemente.»

¡Oh, cómo se echa de ver
que ordena Dios este caso,
pues con su mayor amigo
me socorre mis trabajos!
Si con Dios Clemente priva,
es evidente y es claro
que lo que el Rey no quisiera,
no ejecutara el privado.
Duque de Alba, ¿cómo haremos
para que sepa el contrario
que tengo dineros ya?

Duque   El dinero es gran soldado.

Carlos   Ahora que ya le tengo
el cielo llueva africanos,
y de jenízaros fuertes
se cubran montes y prados.
A mí me importara ahora
saber el intento extraño
de Solimán en el cerco;
si ahora hubiera un soldado
que aquí me trajera un turco
me hiciera un grande agasajo.

Buscaruido   Aquí Buscaruido está,
el que solo anda buscando
el ruido de hacer un hecho
más que una nariz sonado.
Yo traeré el turco y los turcos
que se hallaren más despacio
para que yo les obligue
a que vengan a obligaros,
traeré la casa de Meca,

todo el linaje otomano,
y el zancarrón de Mahoma
para echársele a tus galgos.
Traeré...

Mari Bernardo
       Tente Buscaruido;
señor, si yo no le traigo,
es señal que no habrá turcos
en todo el campo contrario.
Yo traeré el turco primero
que me hallare más a mano,
y traeré, si no lo encuentro,
turco que aún no esté engendrado:
traeré al mismo Solimán.

Buscaruido
El Solimán he pensado
que para tu mala cara
no te ha de hacer mucho daño.

Mari Bernardo
Mientes, infame gallina.

Carlos
A vos, soldado, os encargo,
que traigáis aqueste turco.

Buscaruido
El demonio me ha engañado;
con condición, que no ha de ir
conmigo Mari Bernardo.

Carlos
No vaya nadie con vos.

Mari Bernardo
Ireme por otro lado,
pues aunque con él no vaya,
lo mismo que él hace, hago.

Buscaruido	Yo obedezco.
Mari Bernardo	Yo me voy; ¿pero se ha de ir el bellaco sin que yo vaya con él?
Buscaruido	¡Que el cielo me haya librado de aqueste demonio a latere!
Mari Bernardo	¡Que lo haya mandado Carlos!
Buscaruido	Aquesta vez me voy solo.
Mari Bernardo	Esta vez no le acompaño; mas yo le acompañaré todo lo que ahora falto.

(Salen Rey y el Marqués.)

Rey	¿Está aquí su majestad?
Duque	Aquí está.
Rey	Señor.
Carlos	Hermano, ¿qué queréis, Fernando amigo? ¿Qué es esto, marqués del Basto?
Rey	Señor, que Abraimo, turco, de paz al campo ha llegado; dice que te quiere hablar.
Carlos	Decid que entre, y vos sentaos.

Marqués	Llegad, valiente Abraimo,
	a hablar con el Quinto Carlos.

(Sale Abraimo.)

Abraimo	Guárdele Alá, Carlos V,
	monarca de cuyo aplauso
	el correo de los tiempos
	lleva la nueva a los años.
	(Turbado el pecho le miro.
	¡Qué severo! ¡Qué gallardo!)
	Señor (con temor estoy),
	señor (venía este caso
	para que la lengua turbe,
	y el valor sufra embarazos),
	perdonareisme, señor,
	en lance tan temerario
	la licencia de afligido
	por la obediencia de enviado.
	Del gran turco, Solimán,
	aqueste papel os traigo.

Carlos	¡Para un papel, tan confuso!
	¡Para un papel, tan turbado!
	Dadme el papel.

Abraimo	Y la vida
	a vuestras manos consagro.

Carlos (Aparte.)	(Algún secreto misterio
	este papel ha encerrado;
	el corazón en el pecho
	de cólera me da saltos.

¡Turbarse el turco al traerle!
¡Avisarme que es vasallo!
¿Si algún veneno cruel
me envía en él disfrazado?
¿Abrirele? Pero no,
porque desta dada salgo
con dársele a que le lea
el mismo que me le ha dado.
¿Mas yo he de tener temor?
Yo me resuelvo, y le abro:
ábrole en nombre de Dios
a quien mis hechos consagro.)

(Lee.)

«Yo he venido de Constantinopla a Viena, a entregar
este reino a Juan Sepusio; y hechas las reseñas, le llevo
a V. M. cuatrocientos mil hombres de ventaja; no quiero
que se cuente el exceso con la victoria, sino mi valor en
mi atrevimiento; esta batalla se remita a dos empera-
dores: el uno será Carlos V, y yo, Solimán; espero a V.
M. en el arroyo que divide los dos ejércitos, mañana a
las diez, solo, sin más armas defensivas que una rodela,
ni más ofensivas que una espada. Solimán, emperador
de Constantinopla.»

¡Grande es su valor, por Dios!
Confieso que me he admirado.
Fernando, ¿qué os ha turbado?
¿Y qué os ha turbado a vos?
Esperad, pues, allá fuera
que ya la respuesta escribo.

Abraimo

Yo he entrado en la tienda vivo,
y muerto salir quisiera.

(Vase.)

Carlos

Ya sé lo qué he de hacer yo,
y aunque sé lo qué he de hacer,
de vos procuro saber
si debo salir o no;
de vuestro consejo fío
la experiencia de maestro,
para ver si con el vuestro
conviene el consejo mío.

Rey

Mi sentimiento diré,
pues cuando yo os lo declare
si el consejo no acertare
por lo menos le daré.
No me ciega la pasión
ni el temor me reconviene,
y digo que no conviene
salir por esta razón.
En este encuentro he pensado
que por cobrar honra y fama
Juan Sepusio es quien me llama,
y yo soy el provocado.
Y sus soldados dirán,
pues en el campo se halla,
que para dar la batalla
le apadrina Solimán.
Y aún por su respeto, aquí,
sin que el discurso me engañe,
porque trae quien le acompañe
vos me acompañáis a mí.
¿Pues dónde vieron los siglos
aun en batallas mayores,
que riñan los valedores,

y no riñan los validos?
Por declarado enemigo
al campo le desafié;
pero cuando le llamé
no quiso salir conmigo.
Si él, cobarde, aunque cruel,
en la ira se ha templado
aquel que viene a su lado
no debe reñir por él;
que a su opinión satisface
en no quererlo emprender,
que el padrino debe hacer
lo mismo que el duelista hace.
Luego tengo averiguado
que el padrino en su lugar,
ni puede desafiar
ni salir desafiado.
Y no es discurso importuno
el que llego a distinguir,
que los cuatro han de reñir
o no ha de reñir ninguno.
Y así mi razón previno
(o será mengua su fama)
que pues no riñe el que llama
no ha de reñir el padrino.

Carlos   Cuando aquel que os ha llamado
es cobarde o desigual,
viene a ser el principal
el mismo que ha apadrinado;
y no me toca atender
si él es su padrino o no,
que a mí me desafió
es lo que importa saber.

Duque	¡Qué valor!
Carlos	Vos proseguid. Marqués, esto no me agrada; colérica con mi espada está mi razón.
Marqués	Oíd: no salga tu majestad, que éste es el consejo mío; pues para haber desafío ha de haber seguridad. De un rey que fuera cristiano solo se puede tener; ¿pues cómo la puede haber de un rey injusto y tirano? Y de un tirano, pensad, que será en toda opinión más segura la traición que segura la lealtad.
Carlos	Marqués, no me persuade vuestro nuevo pensamiento: la fe da merecimiento, pero nobleza no añade. ¿Qué importa, pues, que haya sido cruel, alarbe y tirano? No porque no sea cristiano deja de ser bien nacido. Y esa sentencia no allana, que el salir es justa ley, pues yo riño con un rey que es de la casa Otomana;

y en ley de duda, en razón,
que debo más, reparad,
inclinarme a la lealtad
que advertirme a la traición.

Duque   ¡Qué resuelvo! Yo prosigo.

Carlos   ¿Y vos, qué determináis?

Duque   Yo digo que no salgáis.

Carlos   ¿La causa?

Duque   La causa digo.
Si porque el turco muriera
cuerpo a cuerpo y cara a cara
esta guerra se acabara,
yo diría que saliera;
pero el intento se yerra,
Carlos, cuando os resolvéis,
que apenas le matareis
cuando empezará otra guerra.
¿Y en tan extraña mudanza,
quién nueva batalla duda?
Pues lo que ahora es ayuda
entonces será venganza.
Y con diferente ley
peleará cualquier soldado:
si lo hace de un rey llamado,
¿qué hará por su propio rey?
Y demos que él os dé muerte,
que esto del vencer, señor,
no está en manos del valor,
sino en manos de la suerte;

muerto vos, imaginad
los soldados afligidos,
vuestros reinos destruidos,
perdida la Cristiandad.
Con quinientos mil soldados,
y vencedor Solimán,
sus escuadras ya serán
ruina de vuestros Estados.
De manera, que el vencer
antes sirve de irritar;
luego no hay que aventurar
cuando es seguro el poder.
Y el Marqués no dice mal
de la traición, que en rigor
cuando es Solimán traidor
es con su sangre leal.
Porque en él no es vituperio,
antes añade opinión,
aunque sea con traición
querer ganar un imperio.
Reñir con hombre tirano,
donde hay tanto que perder,
eso viene a ser romper
por las leyes de cristiano.
Esto se debe mirar,
y no pensar que es temer
que a vos no os tocó el vencer,
sino solo el conservar.
Y en este parecer mío
el duelo del mundo halla
que en dándoles la batalla
cumplís con el desafío.

Carlos   Otro mi discurso es,

y cuando al vuestro me dejo,
haréis cerrado el consejo
y es todo el caso al revés.
Si con aciertos airados
doy la muerte a Solimán,
en muriendo el capitán
se acobardan los soldados,
como sin cabeza están.
Mas mis soldados, advierto,
que antes siendo yo el muerto,
más animosos serán.
Y es la razón, que como él
no es en los casos piadoso
y aunque es siempre valeroso,
es siempre airado y cruel;
matándole, discurrir
bien, que de arriba lo arguyo,
que por él el campo suyo
no querrá ser contra mí.
Mas si él la muerte me diera,
como soy yo tan amado
por mí, cualquiera soldado
por su ejército rompiera.
Luego con razón confío
deste riesgo que se espera
que su ejército no hiciera
lo que un soldado si es mío.

Rey   ¿Señor, y la Cristiandad,
             cómo quedará sin vos?

Carlos   Volverá por ella Dios.

Marqués   Señor, advertid...

Duque	Mirad, que pudiera ser traidor Solimán, y este desvelo...
Carlos	Quien llega a tener recelo, ya llega a tener temor.
Rey	Mirar lo que importa aquí, viene a ser mayor hazaña.
Carlos	Si no salgo a la campaña, ¿qué dirá el mundo de mí?
Duque	Que fuiste considerado.
Carlos	Y valiente Solimán. Y si salgo, ¿qué dirán?
Rey	Que anduvisteis arrojado.
Carlos	¿En fin, él será valiente, y yo prudente contrario? Pues quiero ser temerario, y no quiero ser prudente.
Rey	Nuevo riesgo le previene.
Duque	Mayor la pérdida es.
Carlos	En fin, ¿qué decís los tres?
Los tres	Todos tres, que no conviene.

Carlos	¿Duque?
Duque	Señor.
Carlos	Escuchad,

y atended a lo que digo:
vos sois mi mayor amigo.

Duque	Diga vuestra majestad.

Carlos	A un consejo más sucinto,

desde un parecer os paso:
¿qué hicierais en este caso
si vos fuerais Carlos V?

Duque	Si he de decir lo que hiciera...

Carlos	Hablad, ¿qué os hiela? ¿Qué os para?

Duque	Si Carlos V me hallara

yo, vive Dios, que saliera.

Carlos	Todos tres me aconsejáis

haciendo a mi amor la salva;
¿mas qué dice el duque de Alba?

Duque	El Duque, que no salgáis;

aqueste es mi parecer.

Carlos	¡Oh, cómo es prudente el viejo!

Nadie me dé más consejo,
que yo sé lo que he de hacer.
A ese turco me llamad;
el celo a todos estimo.

Llamad al turco.

(Sale Abraimo.)

Marqués   Abraimo,
                        llegad a su majestad.

Carlos   Yo le respondo al papel,
(Escribe Carlos.)   Abraimo; el rey de España
                        no ha de salir a campaña
                        con un enemigo infiel.
                        En un renglón solamente
                        verá lo que he respondido,
                        por valiente le he tenido,
                        mas nunca por tan valiente;
                        que es gallardo le decid,
                        y que le estoy admirando;
                        venid conmigo, Fernando;
                        vos, duque de Alba, venid,
                        llevaréis este papel
                        (hablando está el corazón);
                        toda mi resolución
                        verá Solimán en él.
                        Ahora mi labio calla
                        en tan contrarios extremos,
                        decid que allá nos veremos
                        cuando me dé la batalla.

(Vanse.)

(Sale Buscaruido de turco.)

Buscaruido   Saltando de peña en peña,
                        como otros de rama en rama,

a caza vengo de turcos,
y vengo a muy linda caza.
Pero soy gallego rancio
y he de cumplir mi palabra,
y en materia de cumplir
nadie me lleva ventaja,
que honrado soy, y gallego,
y a no tener tantas faltas,
jurar falso en muchos pleitos,
y dejar limpia una casa,
no ver cosa que sea buena
que no me parezca mala,
y frente de mi Señor
murmurar a las espaldas,
no hubiera tal Buscaruido
en las gallegas montañas.
Y dejando los gallegos
y volviendo a nuestra traza,
yo vengo a pescar un turco;
pero de muy buena gana
tomara que fuera un pez,
y con el anzuelo o caña
me estuviera erre que erre,
una, dos o tres semanas
a ver si pica o no pica
con flema de hombre que paga
si ejecutarle no pueden;
y cuando mucho sacara,
pensando que saca el pez
una rana que pescaba.
Este es el campo contrario;
quien no me ve con mi daga
pensará que soy gallina,
pero por Dios que acertara.

Si yo fuera tan dichoso
que un turco cortés me hallara
que se viniera conmigo
pian, pian, a las plantas
de Carlos, que el ser cortés
ninguno se lo culpara,
vaya; pero venir yo
con mis manos muy lavadas
a buscar un turco abad,
con cerviguillo de a vara,
o con bigote de jeme
o una hoja corcovada,
vive Dios que es fuerte caso;
¿qué haya en el mundo, qué haya
quien venga a pesca de turcos?
Pero veamos, ¿qué falta,
para que este turco lleve?
Que él venga de buena data,
tener yo mucho valor,
y el turco ser una mandria,
todo aquesto puede ser.
Si no me engaño, en las ramas
siento ruido, turco pica.
¡Ay de la hora menguada
en que el hombre busca cosa
que no quisiera encontrarla!

(Sale Mari Bernardo de turco.)

Mari Bernardo

En traje de turco ahora
vengo al campo disfrazada;
a Buscaruido mandaron
que saliese a la campaña
a buscar un turco, y yo

de envidia, de enojo y rabia,
por otra parte he venido
a ver si un turquillo hallara
moderado, para hacer
eterno mi nombre y fama.
Él se fue solo a buscarle,
y ya que con él no vaya,
pues hago lo mismo que él,
no viene a ser de importancia.

Buscaruido   Vive Dios, que es un turcazo,
                    y aunque es la noche cerrada,
                    se le divisa el bigote.

Mari Bernardo   Yo ando en gentil andanza;
                    un turco diviso allí,
                    yo quiero sacar la espada.
                    ¿Quién va?

Buscaruido   ¡Qué voz tan cruel!
                    Este turco tiene traza
                    de hacerme pastel en bote
                    a menudas cuchilladas.
                    Ánimo, pues, Buscaruido,
                    yo quiero engordar la habla
                    así pudiera la bolsa
                    y echarte a tiento una braga.
                    Al punto el turco me entregue
                    el almaizar, y la espada,
                    o le arrojaré tan alto
                    que cuando en la tierra caiga
                    las monedas con que baje
                    no han de pasar en la plaza.

Mari Bernardo (Aparte.)	(Vive Dios que es Buscaruido; él ha caído en la trampa, una burla le he de hacer pues que la noche me ampara.)
Buscaruido (Aparte.)	(Parece gallina el turco, pues que no me habla palabra; ¿no me responde el podenco? ¿Cómo el perro no me habla?)
Mari Bernardo (Aparte.)	Atar, sonior. (Bueno va, Buscaruido, que te clavas.)
Buscaruido (Aparte.)	(Vive Dios, que dice que ate.) La espada ponga a mis plantas.
Mari Bernardo	Toma el cuchillar, sonior.
Buscaruido	Echeme también la daga.
Mari Bernardo (Aparte.)	No tener; atar, sonior; (Rabio por estar atada.)
Buscaruido	Y como que le ataré: ¿de qué se cubre la cara? ¿Hasta un turco tiene honra? Ponga esas manos cruzadas; vive Dios que ya las pone.
Mari Bernardo	Atar, sonior.
Buscaruido	Ya le atan.

(Aparte.)	(Señor cosas me suceden,
	que el diablo no las pensara.
	¿Qué haya persona en el mundo,
	que sea pescador de caña
	y no ande a caza de turcos?
	Vive Dios, que yo pensaba
	que eran los turcos de carne,
	pero este turco es de masa.)
Mari Bernardo	
(Aparte.)	(Por ir con él donde va,
	no tengo de hablar palabra,
	y en ir con él voy contenta.)
Buscaruido	¿El perro, de qué regaña?
	¿Quiere que le mate a coces,
	o le muela a bofetadas?
	No ladre, o le... vive Cristo.
Mari Bernardo	
(Aparte.)	(A fe que va bien armada.)
Buscaruido (Aparte.)	(Ahora he echado de ver,
	que cuando la Marimacha
	a todas las cosas que iba
	por fuerza me acompañaba,
	todo mal me sucedía,
	y tengo por cosa clara
	que tenía mala sombra;
	la vida y honra apostara
	que si conmigo viniera,
	no hubiera acertado en nada.)
	Venga el alano conmigo.

Mari Bernardo	Tener las piernas quebradas.
Buscaruido	Pues yo le llevaré a cuestas, que cuando importa a mi fama soy ganapán de mi honra.
Mari Bernardo (Aparte.)	(Esto está mejor que estaba; dejarme llevar a cuestas ha de ser cosa acertada, que está una legua de aquí la tienda de la campaña.)
Buscaruido (Aparte.)	(A mí no me han de alabar este turco y esta hazaña sino que le llevo horror de Mari Bernardo a casa. ¿Turco, y sin Mari Bernardo? Me parece que se carga adrede el perro.) ¡Ah, mastín!
Mari Bernardo	¿Qué manda?
Buscaruido	Que no se haga pesado.
Mari Bernardo	No podré más, andar, sonior.
Buscaruido	Calla.
Mari Bernardo	Anda, atar, sonior.

Buscaruido	Ya está atado.
Mari Bernardo	Mamola, sonior.
Buscaruido	A España, que está la mamola lejos; calle su pico.
Mari Bernardo	Ya calla.

Fin de la segunda jornada

Jornada tercera

(Sale Solimán, Luna y Juan.)

Solimán

Yo le desafié, yo le he llamado;
veamos este caudillo, que ha causado
a tanto mundo asombros,
el que lleva la fe sobre los hombros,
y el que en Jerusalén cobrar intenta,
si como ensaya, en mí lo representa.
Pedazos le he de hacer entre mis brazos,
y de ellos hacer seguros lazos
para apurar su corazón brioso,
veremos si conmigo es tan dichoso;
ya estoy deseando verme en la campaña
con aqueste león que cría España;
el despojo ha de ser de mis blasones,
que el Asia es el solar de los leones.
¡No viniera Abraimo, no viniera
con la respuesta, porque yo saliera
a ver este arrogante!

(Sale Abraimo.)

Abraimo

A Abraimo, señor, tenéis delante.

Solimán

Seáis bien venido, Abraimo.
¿Traes de Carlos la respuesta?

Abraimo

Desde esta noche la tengo;
pero no quise que sepas,
por no estorbarte el descanso,
el suceso que deseas.
Salí, pues, aquesta noche

cuando la oscura tiniebla
a los dos contrarios campos
sirvió de muralla negra;
y con bandera de paz
aunque insigne de más guerra,
de Carlos V, señor,
llegué a la grave presencia.
Estaba su majestad
acompañado en su tienda
del duque de Alba, Toledo,
aquel en cuya experiencia
padece el valor eclipses
y el ingenio sufre nieblas.
Su hermano Fernando, el rey,
estaba a mano siniestra
sentado en un taburete,
él en una silla regia.
Y Fernando, o sea lisonja,
u decoro injusto sea,
algo más atrás que Carlos;
que aún en una sangre mesma,
con ser de un cuerpo la sangre
tienen sujeción las venas.
Turbado salí a sus ojos,
no temeroso, que fuera
no tener mucho reposo
no tener mucha obediencia;
que cuando Carlos por si
no fuera el que el mundo cuenta,
soy tan obediente yo,
que cuando por mí no tema,
por ser tu competidor
presumo que le temiera.
Llegué, el respeto en el labio,

el decoro en la decencia,
las palabras muy sin voz,
las acciones muy sin lengua,
la color no como mía,
la resolución discreta,
porque siempre el valeroso
se ayuda de la modestia;
y dile el papel a Carlos;
tomole, rompió la nema,
y te confieso que vi
(permíteme esta licencia)
entre su helada color
la cólera tan resuelta,
que hubo menester sus canas
para ayudar su prudencia.
Levantose de la silla,
salime yo de la tienda
a esperar de sus palabras
la resolución discreta.
Pidió consejo a los suyos,
que el rey que acertar desea
no ha de fiar del enojo
las materias de la guerra.
Peleaba consigo Carlos
dentro de su propia idea,
que los altos pensamientos
son de sí propios pendencia.
Y todos le aconsejaron
(presumo) que no saliera,
celosos por ser vasallos:
y entre el ruego y la fineza
estuvo con su consejo
hipócrita la soberbia:
que es Carlos tan bien querido,

que sus vasallos quisieran
con estarle a Carlos mal
que dejase aquesta empresa.
¡Bien haya rey en quien vive
la justicia y la clemencia,
a quien los buenos y malos
le estiman de una manera:
los malos, porque perdona;
y los buenos, porque premia!
Volví a entrar, y escribió Carlos
de su mano la respuesta;
cerrola, y dijo: Abraimo,
di a Solimán, que quisiera
poder hacer lo que pide;
pero aquel que es rey, es fuerza
que no sea suyo en obrar,
aunque en mandar suyo sea;
que yo, aunque soy solo un hombre
soy de mi reino cabeza,
y que no se ha de arriesgar
sin que todos lo consientan,
que soy esclavo en mi patria
que me paga y me sustenta,
y no puedo hacer de mí
lo que mi dueño no quiera:
Carlos no sale a campaña;
tú con el blasón te quedas;
en el papel más sucinto
verás, señor, la respuesta.
Esto Carlos respondió,
y entre sus heladas venas,
la sangre, de valerosa,
salió a decir su modestia;
y el esmalte de su rostro

o aquella plateada felpa
que entre el telar de los años
tejió la naturaleza,
cubrió algunos sentimientos
que desatados en perlas
se hicieron canas también
en hielo y nieve resueltas;
que aunque al salir de sus ojos
de cólera noble eran
en mezclándose en el rostro,
las eleva la prudencia.

Solimán   Por Alá, que estoy corrido.
¡Que tanto la fama mienta!
¿Pero qué sabe la fama
de las humanas flaquezas?
¿Éste es Carlos el osado,
a quien la Alemania tiembla?
¿A quien Flandes obedece?
¿El que a dos mundos estrecha?
Rasgo ya la nema y leo;
mas, vive Dios, que es bajeza,
que lea el gran Solimán
con sufrimiento estas letras;
y así no quiero leerle
ni tú Abraimo le leas;
toma este papel de Carlos
y al ejército le lleva;
fíjale de un árbol verde
en la rústica corteza,
para que sepan mis gentes
y para que el mundo sepa,
que me niega el desafío,
y queden a mi obediencia

	su honor, su valor, su fama
	y su corona sujeta.
	Ve a hacer lo que yo te ordeno.

Luna	Espera, Abraimo, espera,
	no te lleves sin leerle,
	permíteme que le vea,
	que puede haber circunstancias
	en lo mismo que te niega.

Solimán	Dices bien, lee el papel.

Abraimo	Dice de aquesta manera.

(Lee.) «Mis vasallos y deudos me aconsejaron que no salga al desafío cuerpo a cuerpo con vuestra majestad; yo lo he mirado, y estoy resuelto...»

Solimán	Detente, no leas más;
	¿quieres mayor evidencia?

Luna	Deja, señor que prosiga,
	y que se disculpe deja.

Solimán	Vuelve a empezar otra vez.
	¡Qué cobarde es la prudencia!

Abraimo (Lee.) «Mis vasallos y deudos me aconsejaron que no salga al desafío con vuestra majestad: yo lo he mirado bien, y estoy resuelto, contra todo su parecer, a salir al campo...»

Solimán	Detente.

Abraimo	¡Cielo, que miro!
Solimán	¿Qué es lo que dices? Espera.
Abraimo	A salir al campo, dice.
Solimán	¿Cómo es posible que leas lo mismo que contradices si es lo mismo que condenas? Míralo bien.
Abraimo	Así dice.
Solimán	Eso es imposible; suelta y deja el papel, villano.
Luna	Ruega al cielo que así sea.
Solimán (Lee.)	«Yo lo he mirado bien, y estoy resuelto, contra todo su parecer, a salir al campo a la hora que señala vuestra majestad, al sitio que me dice y con las armas que ordena. El emperador Carlos V.»

Cobarde, traidor, villano,
¿cómo de aquesta manera
has tratado mi valor,
pues para decir la nueva
te valiste de un engaño?
Darte el castigo quisiera
que merece tu cuidado,
solamente porque piensas
que en mí puede haber temor;
que quien lo sabe o lo niega,
o desconfía del dueño

o de cobarde recela;
aunque no saliera Carlos,
en buena razón debieras
decir que Carlos salía,
por alentarme siquiera;
porque un espíritu noble
se aviva en la competencia.
Por Alá...

Abraimo   Señor.

Solimán   Cobarde.

Abraimo   Repara.

Luna   El enojo deja;
porque parece temor
lo que en su sangre soberbia.
¿No sale Carlos?

Solimán   Sí sale.

Luna   Si alcanzas lo que deseas
dale premio y no castigo,
que dirá cuando lo sepa,
que a Abraimo castigaste
porque te trajo esa nueva.

Solimán   Digo que tienes razón.

Juan   Mi reino todo se pierda,
no alcance yo la corona
porque Carlos V venza.
Yo le quiero bien a Carlos,

y aunque prosigo esta guerra
he empeñado a Solimán;
y fuera atención muy fea
dejarle estando empeñado.
¡Oh, cuántas cosas mal hechas
ha enmendado el desahogo
que apresuró la paciencia!

Solimán   Ea, osado corazón,
¿ahora cobarde tiemblas,
y ahora pides socorro
para tu vida a mis venas?
Prosigue con el valor.
¿Tú con tantas diferencias,
para intentar, valentía,
y para emprender, flaqueza?
Tiene alas el corazón,
y cuando las miro sueltas,
mariposa del Sol puro,
al cielo volar intenta.
pero el recelo o temor
es una liga bien hecha
donde se enlaza la pluma,
¡oh frágil naturaleza!
Y aquel que al Sol se atrevió
a un engaño se sujeta;
Juan Sepusio, gran Baiboda,
por restaurarte a Viena
ves el riesgo en que me miro.
No quiero que lo agradezcas,
pero que lo consideres
es lo que mi amor desea.
Oye, Abraimo, oye, Luna.

Abraimo	¿Qué es lo que mandas?
Luna	¿Qué ordenas?
Solimán	Oye, Juan Sepusio, amigo.
	¿No es fuerza salir?
Todos	Es fuerza.
Solimán	Advertid, que no es pregunta
	la que os propone mi lengua,
	sino es que en vuestros consejos
	me quiero cerrar las puertas,
	yo sé lo que es, en efecto.
	¿No fuera grande bajeza
	provocarle y no salir?
Abraimo	Tu heroico nombre perdieras.
Luna	Tu fama perdiera voz.
Juan	Tu valor sufriera nieblas.
Solimán	En fin, ¿es razón?
Todos	Que salgas.
Solimán	¡Qué valor!
Todos	Es obediencia.
Solimán	¡Qué leales!
Todos	Somos tuyos.

Solimán	¡Ay de aquel que a sí se fuerza y está deseando que digan lo propio que no desea! ¿Es muy bravo Carlos V?
Juan	La fama sus hechos cuenta.
Solimán	¿Y a ti, qué te pareció?
Abraimo	Turbeme con su presencia.
Luna	No puede haber grande hazaña sin haber gran competencia.
Solimán	Pues, amigo, yo le busco.
Juan	Pues, señor, Carlos te espera.
Abraimo	Ahora tu nombre ensalzas.
Luna	Imposible es que te pierdas, que en ser vencido o vencer has de cobrar fama eterna.
Solimán	Carlos es todo ventura.
Juan	Grande suceso te espera.
Solimán	Esto llevo por delante; ¿no es valor lo que de él cuentan? Yo voy al campo.
Luna	Los cielos

triunfante al Asia te vuelvan.

Abraimo   Venzas al mayor prodigio.

Juan   Al Numa de España venzas.

Solimán   No puede haber buen suceso
                          adonde el recelo reina.

(Vase.)

(Tocan cajas, y salen delante don Luis, Leonor, el Marqués, el Duque, el Rey y Carlos, y siéntanse Carlos y el Rey.)

Don Luis   Déme vuestra majestad
                          a besar sus reales pies,
                          pues premio debido es
                          a mi celo y mi lealtad.

Carlos   Don Luis, seáis bien venido;
                          ahora el Duque me ha contado
                          que habéis escaramuceado
                          esta mañana.

Don Luis   Y vencido:
                          pasé con mi compañía,
                          por orden del duque de Alba,
                          haciendo a tu campo salva,
                          después que la sombra fría
                          sepultada en el Poniente
                          fue a enlutar otro horizonte,
                          en la cumbre de aquel monte;
                          o temerario o valiente,
                          a Liens partí a socorrer,

villa que el turco ha cercado;
Nicoliza, gran soldado,
columna de tu poder,
en el presidio asistía
como fuerte capitán;
sus hazañas te dirán
su celo y su valentía.
Cuatro veces asaltó
la muralla el turco ardiente,
y Nicoliza valiente
con bombas se defendió.
Él mismo a mí me ha contado
(y hombre es de mucha verdad)
que entre la disformidad
del plomo desenfrenado,
un caballero se vio
en el aire pelear,
vencer, herir y matar,
que la villa defendió.
Del obispo Martín son
prodigios que el mundo abona,
gran obispo de Turona
y desta villa patrón.
Yo, que a este tiempo llegué,
de una emboscada salí;
animeme, acometí,
espanté, vencí, maté;
huyeron, no me esperaron;
seguilos, no me quisieron;
fueron cobardes, huyeron;
de su campo se ampararon;
he vuelto ahora a avistarte;
todo el caso te he contado,
y mi prenda he restaurado:

la fortuna es de mi parte.
Aqueste el suceso es
y ya el premio he conseguido,
porque el haberte servido
es mi mayor interés.

Carlos   Don Luis, sois grande soldado,
hijo de Alburquerque, en fin;
de nuestro obispo Martín
el brazo nos ha ayudado.
¿Y quién esta dama es?

Doña Leonor   Nicoliza, hija me llama;
capitán a cuya fama
besa la envidia los pies.

Carlos   Hoy es razón que me cuadre,
que un dueño noble os elija,
que he de premiar en la hija
las finezas de su padre.

(Sale Buscaruido con Mari Bernardo a cuestas, vestida de turco y tapada la cara.)

Buscaruido   Fuera, digo, de esta pieza,
nadie me detenga el paso;
deme vuestra majestad
a besar los dos zapatos
más traídos, y más viejos
que el guardarropa ha guardado;
aquí le traigo este turco.

Carlos   Aunque ya no es necesario,
me huelgo que procedáis

como valiente soldado,
¿cómo hallasteis este turco?

Buscaruido   Va de cuento, y va de caso.
Así como me mandasteis,
invicto y piadoso Carlos,
que fuese a caza de turcos
vengo, ¿qué hago? Tomo y salgo;
salí con una rodela,
con un acerado casco,
mi valor por compañero,
por instrumento mi brazo:
y al campo de Solimán
entré tan determinado,
que parecí ejecutor
que iba a cobrar los salarios.
Echáronme treinta turcos
con sus capotes en caput,
que para ir al cielo, dicen,
que ninguno ha de ser calvo.
Saco la hoja de la cinta,
y tírole al uno un tajo,
y al otro un Guadalquivir,
y Jarama a no sé cuantos.
Resistióseme un turcón,
que es este turco que traigo,
que en lo espeso de las barbas
parece recién letrado.
Los demás turcos huyeron
sin saber cómo ni cuándo,
y pasaron a ser liebres
con haber nacido galgos.
Aqueste turco escogí
por ser el más alentado,

tapele el rostro al momento,
las manos al cuerpo ato,
cortele un bigote solo,
esta noche le he guardado,
hele tenido encubierto
y a tu presencia le traigo;
hasle visto en este suelo;
que como Mari Bernardo
no vaya, al gran turco pienso
traer a una soga atado,
aquel Solimán famoso,
y al gran Rejalgar su hermano.
Descúbranle, que él dirá
la verdad, y como alano
te ladrará cuanto quieras;
lucido sea mi trabajo;
pide turcos a montones
y pídeme garamantos,
citas, getas y tudescos,
los obligados del palo.
Obré, vi, llegué, vencí,
porque soy un Alejandro;
aquí gracia, y después turco,
aquí turco, y después lauro.

Carlos   Descubridle.

Buscaruido   Que me place;
señor, esto se ha olvidado,
antes que descubra el turco,
te pido por mi trabajo...

Carlos   ¿Qué pedís?

Buscaruido	Que echéis a un remo, señor, a Mari Bernardo.
Carlos	Descubridle, que por vos le haré desterrar del campo.
Buscaruido	Vivas, Carlos V noble, aún más que brazos quebrados. Ea, señor perro, acabe, y ante mí, como escribano, confiese cuanto pregunto y hable más que cien soldados recién venidos de Flandes. Descúbrase.
Mari Bernardo	Ya lo hago.
(Descúbrese.)	
Buscaruido	¡Vive Dios, que es la maldita el turco que a Carlos traigo! Ya yo me espantaba que no andaba la Marimacho, conmigo. ¡Cielos, qué es esto! Señor, yo soy un borracho, soy un bruto, soy un indio, mal soldado, y seré cuanto puede ser malo uno solo, pues nací tan desgraciado. Por Dios que lo presumí, y fui tan grande menguado, que no lo quise creer.
Mari Bernardo	Señor, Buscaruido estando

buscando un turco, por fuerza
me hizo turco, y a porrazos;
él es el que me buscó,
porque yo no le he buscado.

Marqués	Váyanse luego allá fuera.
Mari Bernardo	Lindamente le he burlado.
Carlos	Esto es lo que pienso hacer, porque no salga mi hermano.
Marqués	No ha de salir Carlos V, aunque la vida perdamos.
Carlos	Ahora que todos juntos en mi tienda están, ¿qué aguardo? Orador de mi opinión, pretendo hablarles muy claro. Soldados y amigos míos, mis parientes y vasallos; que ser vasallos y amigos no es a mi piedad contrario. Por la muerte de mi padre Filipo, yo sus Estados heredé, y también con ellos peligro, envidia y trabajo y los émulos del mundo, estos que están destinados a envidiar por natural, mayor envidia heredaron. Partí de Gante a Castilla, besé a la reina la mano, retiré algunos ministros,

y viéndome coronado
hice hazañas memorables,
y dentro de algunos años,
por la muerte de mi abuela,
los electores cristianos
me eligieron al imperio;
y desde el Palatinado
me enviaron con su elector
la obediencia, el cetro, el lauro.
A la isla de los Gelves,
abrigo de los corsarios
dejé aquel año sujeta;
y el rey Francisco, indignado
por la elección de mi imperio,
se arrojó por mis Estados,
enviando por general
al conde Pedro Navarro
que a Nápoles ganar quiso
por ventaja o por asalto.
Pero sucediole mal;
y vencido y derrotado
sin concierto en el clarín
y los parches destemplados,
segunda vez a sus reinos
pasó los Alpes nevados.
¡Ay de aquel que sin justicia
hace textos de las manos;
porque son jueces las armas,
y da la razón el fallo!
Fui aclamado de la Italia,
emperador de romanos,
gané reinos y ciudades,
a la India he sujetado,
soy más rey que otro ninguno

por tener buenos vasallos;
llámame el mundo piadoso,
soy valiente, aunque soy manso;
justiciero, aunque perdono;
en las iras, refrenado;
en el consejo, prudente,
y en las advertencias, sabio.
Y hoy Solimán en campaña,
cuerpo a cuerpo, y brazo a brazo
me provoca inadvertido
y llama determinado.
Con no salir solamente
borro estos triunfos y lauros
con tanta sangre adquiridos
y tanto blasón ganados.
Mis hechos sean espejo
luciente, vistoso y claro,
donde se vea el valor;
porque galán a ese campo
con el soberbio enemigo
salga mi pecho gallardo.
¡Bueno es que diga la fama,
ya perdió la suya Carlos;
éste que mundos venció,
león del solar hispano,
a la cuartana de un miedo
yace sujeto y postrado!
No, duque de Alba, Toledo,
no, rey de Hungría, Fernando,
no, marqués, esto ha de ser:
por los cielos soberanos
que al vasallo licencioso
que quiera atajarme el paso,
al que contra mí aspirare,

aunque le ayude mi hermano,
que le quite la cabeza
por leal, que en estos casos
los que fueren más leales
son mis mayores contrarios.
Yo sé muy bien lo que digo;
ya sé bien, que conjurados
los mejores de mi reino
forman repetidos bandos.
Al que no me obedeciere,
si la espada desenvaino...
ya es hora de ir a campaña,
y ya la espada he sacado,

(Saca la espada.)   y un rey que saca el acero
no ha de envainarle hasta tanto
que de su enemigo propio
la tiña en coral humano.

(Vase.)

Doña Leonor   ¡Qué brío!

Duque   ¡Qué valeroso!

Don Luis   ¡Qué soberbio!

Marqués   ¡Qué indignado!

Duque   Salga al campo nuestro Rey.

Rey   Seguro el campo llevamos:
Dios, valor y Carlos V
son muy terribles contrarios.

Doña Leonor	Su celo será el padrino.
Don Luis	La fe servirá de jaco.
Duque	La espada será justicia.
Rey	Y la ejecución su brazo.
Duque	Restaures, Numa de España, el sepulcro de Dios sacro.
Don Luis	Y a tu brazo valeroso postre el pecho el otomano.
Leonor y Don Luis	Para honor de Dios.
Duque y Rey	De España.
Don Luis	Ea, amigos.
Rey	Ea, soldados, hoy se ha de dar la batalla en cualquiera de estos casos, o ya muera Solimán, o vuelva vencido Carlos.

(Sale Carlos V, con espada y rodela.)

Carlos	Aqueste el sitio ha de ser que Solimán señaló; aquí me desafió y aquí le pienso vencer. El corazón se alborota, pero es mío el corazón...

En la mejor ocasión
me está apretando la gota.
¡Qué cruel achaque es!
¡A qué hora hubo de venir,
pero si no he de huir
no son menester los pies!
¡Oh, cómo se echa de ver,
que es cobarde el mal; en fin,
que a la parte más ruin
me ha venido a acometer!
Yo no entiendo los cuidados
de Solimán; mi enemigo,
a solo reñir conmigo
trae quinientos mil soldados;
pasos parece que escucho
si no me llego a engañar,
él bien me puede matar,
mas por Dios que ha de ser mucho.

(Sale el Duque.)

Duque

De mi lealtad inducido,
llevado de la pasión,
por si hay alguna traición
tras el César me he venido.
Que ha sido infamia dirán,
y esto yo también lo digo,
que el César esté conmigo
y esté solo Solimán.
Mas al que teme perderle,
¿cómo han de poder culparle?
Que yo no vengo a ayudarle,
aunque vengo a defenderle.
En dejarles reñir fundo

	la lealtad de mi cuidado;
	mas si viene acompañado,
	Carlos y yo, a todo el mundo...
Carlos	Ya la hora señalada
	se pasa, mas no ha llegado;
	siempre anda muy ocupado
	quien hace larga jornada.
(Tocan.)	¿Pero qué es esto? A rebato
	toca el clarín y tambor;
	¿si Solimán es traidor?
	¿Si ha sido doble su trato?
	Pero esto no puede ser,
	y el ver la razón ataja,
	traición con tanta ventaja,
	infamia con tal poder.
	De Solimán los soldados
	por el monte bajar veo,
	ya tuvo fin mi deseo,
	entráronse mis cuidados.
	Otra vez hacen la salva.
	¡Qué traición! ¡Qué deslealtad!
Duque	Carlos, vuestra majestad
	tiene al lado al duque de Alba.
Carlos	¿Para qué os he menester?
Duque	Yo vengo a morir con vos.
Carlos	Si no os volvéis, vive Dios,
	que os haga, Duque, volver.
Duque	Señor.

Carlos	¿Qué me replicáis? Idos, pues.
Duque	Ya yo me voy.
Carlos	¿No sabéis que Carlos soy?
Duque	Mirad, Carlos...
Carlos	¿Aún no os vais?
Duque	El ejército enemigo baja contra vos, señor.
Carlos	Dios, la razón y el valor, quedan a un tiempo conmigo.
Duque	Esa campaña florida produce turcos infantes.
Carlos	La reputación es antes, y después será la vida. Idos.
Duque	Con vuestra esperanza es mi recelo mayor; voime, porque mi valor parece desconfianza.
Carlos	Si la vista no me engaña, y están los ojos turbados, de Solimán los soldados marchando por la campaña,

vive el cielo, que se van;
aquí valores ardientes,
¡ah, jenízaros valientes!
¡Ah, cobarde Solimán!
Carlos, soldado de España,
a ti grande Emperador,
y de los mundos señor,
te espera en esta campaña.
¿Huyes, y señor te aclamas?
Tu heroico nombre destruyes.
¿Si me llamas, por qué huyes?
¿Si has de huir, por qué me llamas?
¡Que no me deje el dolor
conseguir este interés!
Ahora quisiera mis pies
más que todo mi valor.
Pues tan valiente te pinto
espérame airado ya,
que a darte la muerte va
la espada de Carlos V.

(Sale Juan con una corona de oro, don Luis con otra de hiedra, y el Rey; y en una fuente, doña Leonor, cetro y espada.)

Juan

Generoso Carlos V,
el afable y el prudente,
ejemplo para el cristiano,
y azote para el rebelde:
a Juan Sepusio Baiboda
a tus plantas reales tienes,
que desde el campo contrario
a pedirte perdón viene.
Solimán levantó el campo
por agüeros imprudentes

que dicen que son valores,
aunque temores parecen.
Yo erré como hombre mortal,
y basta que lo confiese,
perdón pido a tu piedad;
y pues tan piadoso eres,
mucho más hago en pedirle
que tú haces en concederle.
Esta corona dorada
que en mis valerosas sienes
estuvo sustituida,
mi amor a tus pies ofrece,
que corona que fue mía
no es a tus sienes decente.

Don Luis
Ya quedaste vencedor,
ya el gran Solimán se vuelve,
ya te deja la campaña,
ya sin herirle le hieres.

Duque
Vence, Trajano, en la paz.

Don Luis
Numa generoso vence.

Carlos
Juan Sepusio, gran Baiboda,
mis brazos mi amor te ofrece,
que no hace nada en errar
el que luego se arrepiente.
Duque de Alba, estas finezas
estos abrazos conserven
Marqués, yo estoy bien servido;
Fernando, mi afecto es éste;
don Luis, la señal del premio
os doy en tan nobles redes;

Leonor, don Luis será vuestro;
y aquí dichoso fin tiene
El Desafío imperial.

Buscaruido   Y aviso a vuesas mercedes,
que me caso con aquella
compuesta de dos especies;
y no hago mal en casarme,
porque con esto me deje.
El Senado nos perdone,
si el poeta lo merece;
hame encargado que os pida
un vítor, quien le tuviere,
a pagar a otra ocasión;
no hará mucho, aunque le preste.

Fin de la comedia

Libros a la carta

A la carta es un servicio especializado para
empresas,
librerías,
bibliotecas,
editoriales
y centros de enseñanza;
y permite confeccionar libros que, por su formato y concepción, sirven a los propósitos más específicos de estas instituciones.

Las empresas nos encargan ediciones personalizadas para marketing editorial o para regalos institucionales. Y los interesados solicitan, a título personal, ediciones antiguas, o no disponibles en el mercado; y las acompañan con notas y comentarios críticos.

Las ediciones tienen como apoyo un libro de estilo con todo tipo de referencias sobre los criterios de tratamiento tipográfico aplicados a nuestros libros que puede ser consultado en Linkgua-ediciones.com.

Linkgua edita por encargo diferentes versiones de una misma obra con distintos tratamientos ortotipográficos (actualizaciones de carácter divulgativo de un clásico, o versiones estrictamente fieles a la edición original de referencia).

Este servicio de ediciones a la carta le permitirá, si usted se dedica a la enseñanza, tener una forma de hacer pública su interpretación de un texto y, sobre una versión digitalizada «base», usted podrá introducir interpretaciones del texto fuente. Es un tópico que los profesores denuncien en clase los desmanes de una edición, o vayan comentando errores de interpretación de un texto y esta es una solución útil a esa necesidad del mundo académico.

Asimismo publicamos de manera sistemática, en un mismo catálogo, tesis doctorales y actas de congresos académicos, que son distribuidas a través de nuestra Web.

El servicio de «Libros a la carta» funciona de dos formas.

1. Tenemos un fondo de libros digitalizados que usted puede personalizar en tiradas de al menos cinco ejemplares. Estas personalizaciones pueden ser de todo tipo: añadir notas de clase para uso de un grupo de estudiantes, introducir logos corporativos para uso con fines de marketing empresarial, etc. etc.

2. Buscamos libros descatalogados de otras editoriales y los reeditamos en tiradas cortas a petición de un cliente.